BEI GRIN MACHT SICH IHR WISSEN BEZAHLT

- Wir veröffentlichen Ihre Hausarbeit, Bachelor- und Masterarbeit

- Ihr eigenes eBook und Buch - weltweit in allen wichtigen Shops

- Verdienen Sie an jedem Verkauf

Jetzt bei www.GRIN.com hochladen und kostenlos publizieren

GRIN

Sportmanagement. Strategiebericht über ein fiktives Premium Fitnessstudio in Rostock

GRIN

Bibliografische Information der Deutschen Nationalbibliothek:

Die Deutsche Nationalbibliothek verzeichnet diese Publikation in der
Deutschen Nationalbibliografie; detaillierte bibliografische Daten sind
im Internet über http://dnb.d-nb.de abrufbar.

ISBN: 9783346448446
Dieses Buch ist auch als E-Book erhältlich.

Druck und Bindung: Books on Demand GmbH, Norderstedt Germany
Gedruckt auf säurefreiem Papier aus verantwortungsvollen Quellen

Das vorliegende Werk wurde sorgfältig erarbeitet. Dennoch
übernehmen Autoren und Verlag für die Richtigkeit von Angaben,
Hinweisen, Links und Ratschlägen sowie eventuelle Druckfehler keine
Haftung.

Das Buch bei GRIN: https://www.grin.com/document/1035915

Deutsche Hochschule für
Prävention und Gesundheitsmanagement
Hermann Neuberger Sportschule 3
66123 Saarbrücken

Hausarbeit

Inhaltsverzeichnis

Strategiebericht über ein fiktives Premium Fitnessstudio in Rostock

1 Darstellung der Ausgangssituation

Im folgenden Verlauf der Aufgabe 1 wird ein fiktives Fitnessstudio Körperkonzept in Rostock vorgestellt. Eine ausführliche Beschreibung der Standortwahl erfolgt in Aufgabe 1.1. Beim Unternehmenstyp handelt es sich um ein Premium Fitnessstudio, worauf in 1.2 eingegangen wird.

1.1 Wahl des Standortes

Das Premium Fitnessstudio Körperkonzept befindet sich im Rostocker Stadtteil „Stadtmitte" in der Rosa-Luxemburg-Straße 25/26, 18500 in Rostock. Es liegt zwischen den Stadtteilen Steintor- Vorstadt und der Südstadt. Der Standort des Studios ist zu Fuß, mit dem Fahrrad, und mit der S-Bahn/Regionalbahn aufgrund der Nähe zum Hauptbahnhof sehr gut zu erreichen. In Abbildung 1 wird der Standort des Studios mit einem roten

Anmerkung der Redaktion: Abbildung 1 wurde aus urheberrechtlichen Gründen entfernt.

Abbildung 1: Standort mit Maßstab (mapz.com, 2010)

Kreis dargestellt (Maßstab 1:1.253). Die Rosa-Luxemburg-Straße stellt eine der Hauptverkehrsstraßen in Rostock dar, was die Anfahrt mit dem Auto ebenfalls ermöglicht. Die Standortstruktur ist u.a. nach den oben aufgelisteten Erreichbarkeitsmöglichkeiten ausgewählt. Das Studio verfügt über einen eigenen Kundenparkplatz. Das Landgericht und die Universität Rostock sind mit den verschiedenen Verkehrsmitteln nur acht Minuten entfernt. Die Stadtteile „Stadtmitte" und „Steintor- Vorstadt" gehören u.a. zu den wohlhabenden und Top- Wohnlagen in Rostock (Exporo AG, 2020). In der Nähe des Studios haben sich viele Ärzte, Firmen, Steuerberater und Anwälte niedergelassen.

Möglichkeiten zum Einkaufen und Essen sind im Umfeld des Studios zu finden. In direkter Umgebung sind keine anderen Fitnessstudios ansässig. Der Standort ist so gewählt, dass Kunden vor, während und nach ihrer Arbeit trainieren können oder das Fitnessstudio schnell von zuhause zu erreichen ist. Aufgrund der Top- Wohnlage und der steigenden Nachfrage nach Wohnraum, wird eine hohe und steigende Kaufkraft der Kunden erwartet. Die zukünftige demographische Entwicklung von Rostock lässt vermuten, dass mehr Menschen trotz steigender Immobilienpreise in die Stadt ziehen werden (Regierung M-V, 2021). Somit ist davon auszugehen, dass die Kaufkraft der Zielgruppe, sowie die Nachfrage nach einem Premium Fitnessstudio mit individuellen Angeboten, steigen wird.

1.2 Beschreibung des Unternehmenstyps

Das Fitnessstudio Körperkonzept ist dem Premium Segment zuzuordnen. Das vielfältige Angebot über Kraft-, Cardio-, Kurs- und individuelles Personaltraining wird durch Wellnessangebote und Präventionskurse nach § 20 Absatz 1 SGB V abgerundet. Im Bereich des Krafttrainings liegt der Fokus auf Gerätegestütztes Training u.a. im Milon-Zirkel® möglich, sowie einem freien Trainingsbereich mit Gewichten (Hanteln, Gewichtsbällen und Kettlebell) und TRX–Schlingentrainern. Im Cardiobereich stehen hochwertige Wasserrudergeräte, Ergometer, Stepper und Laufbänder zur Verfügung. Das Personaltraining zielt auf die individuellen Bedürfnisse der Kunden ab und unterliegt keinen festen Vorgaben. Die Präventionskurse hingegen stellen feste Kurseinheiten mit klar strukturierten und festen Kursinhalten dar. Im Sportkursangebot werden HOT-IRON®, Zumba® sowie LES MILLS®- Kurse angeboten. Das Angebot soll möglichst viele Personen ansprechen sich körperlich zu ertüchtigen und zu bewegen. Die Förderung der ganzheitlichen Gesundheit, der individuellen Interessen und des Wohlbefindens des Kunden steht im Mittelpunkt. Das abwechslungsreiche und vielseitige Angebot soll kaufstarke Kunden jeden Alters, Interessen übergreifend anlocken. In der folgenden Tabelle 1 werden strategische Geschäftsfelder und deren Produkte und Dienstleistungen vorgestellt.

Tabelle 1: Strategische Geschäftsfelder, Produkte und Dienstleistungen

Strategische Geschäftsfelder (SGF) sowie die Produkte und deren Dienstleistungen des Fitnessstudios Körperkonzept	
Kraft- und Ausdauertraining	o Gerätegestütztes Krafttraining z.B. Milon Zirkel®
	o Freie Trainingsfläche z.B. Freihanteltraining
	o Personaltraining z.b. individueller Trainingsplan mit Geräte- und freies Training
	o Gesundheitstraining z.b. Rückenschule
	o Cardiotraining z.b. Ergometer
Wellness	o Entspannung z.b. Saunalandschaft
	o Gesundheitsanwendungen z.b. Massagen
	o Kosmetische Behandlungen
Präventions- und Sportfitnesskurse	o Präventionskurse z.B. Rückenschule als Kurs oder an Geräten
	o Sportfitnesskurse:
	- Tanz z.B. Zumba®
	- Kraft z.B. HOT IRON®
	- Ausdauer z.B. LES MILLS®

2 Phase der strategischen Zielplanung

Im Rahmen der strategischen Zielplanung geht es um die Erarbeitung einer Vision und der Grundwerte, der Reflektion der Geschäftsfelder sowie der Festlegung der Mission nach Schumann (2020, S. 91).

2.1 Unternehmerische Vision / Mission / Grundwerte

Jedes erfolgreiche Unternehmen benötigt eine Vision, welches das große Ziel darstellt. Für das Fitnessstudio „Körperkonzept" gilt folgende Vision: „Das erfolgreichste, innovativste Premium Fitnessstudio in den nächsten 10 Jahren in Norddeutschland zu werden". Die Vision sollte am Anfang einer jeden unternehmerischen Tätigkeit stehen und stellt ein grundlegendes Instrument der strategischen Führung und Umsetzung dar (Simon & Gathen, 2010, S. 15). Die Vision zeigt die Zukunftsvision/Ziele des Unternehmens. Diese sind nach innen gerichtet (firmenintern), sowie in Ausmaß und Zeit begrenzt und unterteilt. Das Festlegen eines Zeitraumes stellt nach Simon und Gathen (2010, S. 18f) eines der Merkmale der Vision dar. Nach Hinterhuber (2011, S. 83) ist die Vision immer zielorientiert und gibt die Richtung und den Sinn vor. Die Grenzen, die entstehen können, werden in der Vision nicht widergespiegelt. Folglich bewegen sich Visionen zwischen Utopie und Realität (Simon & Gathen, 2010, S. 18). Das Ziel, „das erfolgreichste, innovativste Premium Fitnessstudio in 10 Jahren in Norddeutschland zu werden", stellt den Zukunftscharakter dar. Die klare Zeitvorgabe hilft bei der Strukturierung der Ziele. Zudem wird das übergeordnete Ziel, erfolgreich und innovativ in einem festgelegten Zeitraum zugleich zu sein, als Ziel/ Wunschvorstellung formuliert.

Nachdem die Vision klar definiert wurde, ergibt sich daraus die Mission. Nach Welge & Al-Laham (2012, S. 213) muss in der Mission klar erkennbar sein, welche Kundenbedürfnisse befriedigt und welche Kundengruppen bedient werden sollen. Zudem muss erläutert werden, wie der Wert für den Kunden stetig erhöht werden kann und die Kundenbedürfnisse gestillt werden. Die Mission stellt die Realisierung der Vision dar. Das Ziel, erfolgreich zu sein, ist Teil der Mission. Um das Ziel zu erreichen, steht die Kundenzufriedenheit und Weiterempfehlung an erster Stelle. Die Bedürfnisse und Trainingsziele der Kunden stehen im Fokus der Mission. Das umfangreiche Sportangebot und die individuelle Betreuung müssen immer den hohen Anforderungen des Unternehmens sowie den Ansprüchen der Kunden entsprechen und diese im besten Fall übertreffen. Das Anwerben zahlungskräftiger Kunden gehört zu den täglichen Aufgaben und somit zur Mission. Werden alle Ansprüche (Unternehmen und Kunden) erfüllt, kann das übergeordnete Ziel, das erfolgreichste Premium Fitnessstudio in Norddeutschland zu sein, schneller realisiert werden.

Grundwerte (Core Values) stellen die zentralen Werte eines Unternehmens dar. „Sie geben Aufschluss über das, was als angemessen und wertvoll empfunden wird und was nicht" (Müller-Stewens & Lechner, 2011). Grundwerte werden im Fitnessstudio Körperkonzept auf zwei Arten ausgelegt. Zum einen die Grundwerte zwischen Führung und Mitarbeitern und zum anderen die Werte zwischen Mitarbeitern und Kunden. Die Vision, das erfolgreichste und innovativste Studio in Norddeutschland zu werden, baut auf folgende Grundwerte des Unternehmens auf: Wertschätzung der Mitarbeiter (faire Bezahlung/ Fortbildung), Individualität durch Innovation, exzellente Kommunikation (Kunden und Mitarbeitern) und hohe Kundenzufriedenheit am Produkt und Dienstleistung - signalisieren, dass sie Teil von etwas „Großem und außergewöhnlich Guten" sind.

2.2 Strategische Zielplanung

Die strategische Zielplanung ist langfristig zu verfolgen. Die Realisierung der Vision steht im Mittelpunkt der Planung. Die Mission und die Grundwerte des Unternehmens müssen bei der Zielplanung berücksichtigt und in Einklang gebracht werden. Bei der Formulierung der Ziele wurden die Kriterien: Inhalt, Ausmaß und Zeit berücksichtigt. In Tabelle 2 werden vier Unternehmensziele in Bezug auf Vision, Mission und den Unternehmensgrundwerten dargestellt.

Tabelle 2: Strategische Zielplanung

Strategische Unternehmensziele	Umsetzung im Fitnessstudio
Erfolgreichstes und innovativstes Fitnessstudio in Norddeutschland durch Expansion. Die Eröffnung von mindestens drei weiteren Studios im Premiumbereich innerhalb der nächsten 10 Jahre entspricht den Marktstellungszielen zum Erreichen der Marktführung.	o Um erfolgreich zu sein und die Vision erreichen zu können, muss das Unternehmen expandieren und den Bekanntheitsgrad erweitern, damit der Marktanteil wachsen kann. o Mindestens 3 höchstens 5 neue Studios in weiteren Norddeutschenstädten z.B. Lübeck, Kiel, Flensburg, Hamburg und Bremen.
Mitgliederanzahl im ersten bis zum vierten Jahr um 300 Mitglieder im Jahr steigern. Ab dem fünften Jahr 400 Kunden gewinnen. Ziel für das erste Studio (Rostock) nach 8 Jahren 1.500 feste Mitglieder (nach Abzug der Kündigungen). Die Aussteigerquote innerhalb der ersten sieben Jahre auf 85 % reduzieren. Ziel ist eine überdurchschnittliche Kundenzufriedenheit nach fünf Jahren von min. 90% zu erreichen. In den Jahren sechs bis zehn Kundenzufriedenheit um 2-3% jährlich steigern.	o Die Vision von Erfolg in die Mission umsetzen. o Erkennungsmerkmale schaffen (Werbung, Flyer, Zeitung). o Präsens in Rostock zeigen u.a. „Tag der offenen Tür" etc. o Kooperation mit lokalen Unternehmen. o Marketing und Verkaufsstrategien kurzfristig prüfen und zielgerichtet verbessern. o Mitglieder werben Mitgliedern lukrativ gestalten. o Hohe Kundenbindung durch persönliche Betreuung -> weniger Kündigungen. o Schnupperangebot o Anonymisierte Umfragen zur Kundenzufriedenheit einmal jährlich durchführen, und fixer „Lob & Kummerkasten". o Die „Drop-out-Quote" durch hohe, anspruchsvolle kundenorientierte Betreuung minimieren, o
Innovation im Bereich Fitness- und Gesundheitstraining durch Bewertung des Studioangebots alle zwei Jahre. Zufriedenheit und Bindung der Mitarbeiter an das Unternehmen. Mindestens zwei Studien zum Thema Prävention & Gesundheit – (Innovation) in fünf Jahren.	o Eine Fortbildung pro Mitarbeiter alle zwei Jahre gehört zu den Grundwerten des Unternehmens (Persönliche Entwicklung). o Innovatives und zukunftsorientiertes Denken der Mitarbeiter schulen und fördern. o Das Zugehörigkeitsgefühl der Mitarbeiter zum Studio durch respektvollen Umgang und Wertschätzung stärken und die soziale Integration fördern. o Entwicklungskooperationen z.B. Institut für Sportwissenschaften/ Universitätsmedizin der Uni Rostock, Abschlussarbeiten und Langzeitstudien.
Erreichung des Break-even-Points nach zwei Jahren. Ab dem dritten bis zum sechsten Jahr eine jährliche Gewinnsteigerung des Unternehmens von min. 10%. In den Jahren sieben bis zehn Gewinnsteigerung gegenüber dem Vorjahr um 2-3 % steigern.	o Kundenneugewinnung durch ein verkaufsstarkes Team. Dies führt u.a. zu mehr Einnahmen ->Verkaufsschulung der Mitarbeiter. o Verkauf von Zusatzdienstleistungen- und Produkten dank z.B. hochwertigen Personals Training. o Mitglieder werben Mitglieder. Geringer Aufwand, hoher Nutzen.

2.3 Branchenvergleich

Folgend werden zwei Premium Fitnessstudios aus dem regionalen- und überregionalen Bereich tabellarisch vorgestellt (Tabelle 3 und 4). Im Einzelnen werden die unternehmerischen Visionen, Missionen und Grundwerte herausgestellt. Unterschiede und Gemeinsamkeiten werden anschließend im Text erläutert.

Tabelle 3: Regionales Unternehmen (Lieweke, 2019)

Name und Ort des Unternehmens	o	Premium Fitnessstudio FitVital Hauptstraße 104 in 23923 Herrnburg.
Regionales- oder überregionales Unternehmen	o	Regionales Unternehmen für den Raum Norddeutschland. Privatgeführtes Einzelstudio.
Vision des Unternehmens	o	Einzigartiger und individueller Fitness Club.
Mission des Unternehmens	o	Abheben von der Masse und Schnelllebigkeit. Hin zu einer persönlichen und aufmerksamen Betreuung in einem Club mit Wohlfühlcharakter! (Lieweke, 2019)
Grundwerte des Unternehmens	o	„Qualität statt Quantität" (Lieweke, 2019) steht bei FitVital in jeder Hinsicht im Vordergrund.
	o	Hochqualifiziertes Personal, Familiäre Atmosphäre, enge Kundenbetreuung.
	o	Fachkundige Beratung in Themen: Ernährung, Gesundheits- & Figurtraining, Wettkampfsvorbereitung, Entspannung/Stressbewältigung uvm (Lieweke, 2019).

Das Fitnessstudio FitVital setzt auf persönliche Betreuung, kundenorientiertes Training und bietet zudem Sportkurse aus dem Gesundheitssport, wie auch dem Trendsportbereich an. Die Vision, ein „einzigartiger und individueller Fitness Club" (Lieweke, 2019) zu sein, ist vergleichbar mit der Vision vom Studio Körperkonzept „Erfolgreich und innovativ". Die formulierte Mission von FitVital ist stimmig mit der Vision und den Grundwerten des Unternehmens. In beiden Fitnessstudios steht die Mission, eine professionelle Betreuung zu gewährleisten und die Zufriedenheit der Kunden an erster Stelle. Die Grundwerte von „Qualität statt Quantität" (Lieweke, 2019) sind auf beide Unternehmen umsetzbar. Des Weiteren gibt es Gemeinsamkeiten im Bereich Wellness und den angebotenen Sport- und Gesundheitskursen. Beide Studios bieten Sauna und Massage sowie Gesundheitskurse nach §20 SGB V und moderne Trendsportkurse (HOT IRON®/Ninja Parkour®) an. Unterschiede bei der Vision stellt das Ziel der Expansion von Körperkonzept dar. FitVital hat einem Standort und eine geringe Anzahl an Mitarbeitern. Zudem ist die Mission der „Blue-Ocean-Strategie von FitVital (Wettkampfvorbereitung, Impedanz-Analyse-Messung, Ninja Parkour®) eine andere als beim Studio Körperkonzept. Abschließend kann festgehalten werden, dass beide Unternehmen ähnliche Ziele aufweisen, sich jedoch in den individuellen und speziellen Angeboten differenzieren. Beide Studios sollten nicht den gleichen Einzugsbezirk haben.

Tabelle 4: Überregionales Unternehmen / (Fitness First Germany GmbH, 2020)

Name und Ort des Unternehmens	o Premium Fitnessstudio Fitness First, Glockengießerwall 3 in 20095 Hamburg
Regionales- oder überregionales Unternehmen	o Überregionales Unternehmen mit dem Standort St. Georg in Hamburg, stellv. für das gesamte Unternehmen deutschlandweit.
Vision des Unternehmens	o „Wir motivieren Menschen zum Training!" (Fitness First Germany GmbH , 1990)
Mission des Unternehmens	o „Wir unterstützen dich darin, deine persönlichen Fitnessziele optimal und nachhaltig zu erreichen. Ein ganzheitliches Fitnesskonzept, innovative Trainingstechnologien und die Inspiration durch die Fitness First Mitarbeiter – das machen wir zu deiner Motivation!" (Fitness First Germany GmbH , 1990)
Grundwerte des Unternehmens	o Qualifizierte Mitarbeiter in allen Bereichen. o Regelmäßige Schulungen und Fortbildungen für die Mitarbeiter. o Erreichen der individuellen Trainingsziele der Kunden. o Inspiration durch die Mitarbeiter - Motivation für den Kunden. o Gesundheits- und Wohlgefühl der Kunden steigern durch Sport und Entspannung. o Moderner, attraktiver Arbeitsplatz

Das Unternehmen Fitness First setzt als Vision, die Menschen zum Training zu motivieren. Es ist eine direkte Ansage an alle Firmenbeteiligte und gibt eine klare Richtung für die Mitarbeiter und die geforderten Trainings vor (Fitness First Germany GmbH , 1990). Dieser Ansatz weicht von den anderen betrachteten Studios ab, bei denen die Vision durch Innovation und Einzigartigkeit bestimmt ist. Ähnlichkeiten gibt es beim Kraft- und Cardiotraining, sowie im Angebotsbereich „Wellness". Fitness First wirbt mit einem großen, abwechslungsreichen Kursprogramm. Es werden jedoch keine Krankenkassen Gesundheitskurse angeboten. Die Mission des Unternehmens beinhaltet die Motivation der Kunden um die Trainingsziele zu erreichen. Der Fokus liegt vermehrt auf Leistung als auf ein ganzzeitliches gesundheitsbezogenes Training. In den Grundwerten wie eine qualifizierte Betreuung der Kunden, Unterstützung bei der Erreichung der Sportziele, respektvoller Umgang innerhalb des Unternehmens und mit den Kunden finden sich Gemeinsamkeiten wieder. Zusammenfassend ist zu sagen, dass in den Studios Körperkonzept und FitVital der Bereich „Gesundheit" mit entsprechenden Kursen für alle Interessenten zugänglich sind, Fitness First beschränkt diese auf den eigenen Kundenstamm. Zudem scheinen die die Erkennungsmerkmale von Fitness First keiner Blue-Ocean-Strategie zu folgen, weshalb sich das Unternehmen nicht stark vom Mark absetzt und keine besonderen Alleinstellungsmerkmale aufweist.

3 Phasen der strategischen Analyse und Prognose

3.1 Branchenstrukturanalyse

In der Branchenstrukturanalyse wird mit dem Five-Forces-Modell nach Michael Porter gearbeitet. Sein Modell besagt, dass es fünf Strukturmerkmale gibt, welche die Branche beeinflussen (Porter, 2000, S. 29). Da sich die Anzahl der Fitnessstudios in Deutschland (1989 waren es 3.903 Studios) in den letzten 30 Jahren fast verdreifacht hat (2019 waren es 9.343 Studios), nimmt das Five-Forces-Modell in der Analyse einen hohen Stellenwert ein (Kamberovic, 2019). Die nachfolgende Tabelle 5 zeigt einzelne Strukturmerkmale und die damit verbunden Schwierigkeiten in der Fitnessbranche in Bezug auf den Premiumbereich.

Tabelle 5: Five-Forces-Modell mit der Einteilung nach Bamberge & Wrona (2012, S. 370).

Anzahl und Stärke der Wettbewerber der Branche / Rivalität	o Branchenwachstum erschwert das Durchsetzen am Markt. - Immer mehr Studios auf dem Markt erschweren das „Fuß fassen". (Kamberovic, 2019). o Mehrere Mitbewerber führen zu höherem Wettbewerbsdruck. - Ähnliche Studioformen teilen sich einen Standort und stehen in Konkurrenz. o Viele homogene Konkurrenten mit gleichen Angeboten. - Wenige bis keine Blue-Ocean-Unternehmen. Alleinstellungsmerkmale sind schwer zu finden und schwer kostengünstig umzusetzen o Fixkosten können aufgrund des Wettbewerbsdruck und den dadurch resultierenden geringeren Einnahmen schwer gedeckt werden. - Anpassung an den Preis der Konkurrenten. Das Unternehmen läuft Gefahr seine Rentabilität zu verlieren. o Etablierte Unternehmen können auf Marktbekanntheit und Kundenstamm zurückgreifen, evtl. kurzfristige Preissenkungen überleben. o Bestehende Konkurrenten haben durch lokales Business Knowhow und Netzwerke bessere Möglichkeiten Innovationen durch Integration umzusetzen und dadurch Alleinstellungsmerkmale und eine „Einzigartigkeit" hervorzuheben (Blue-Ocean-Angebot).

Bedrohung durch potenzielle, neue Konkurrenten	o Gefahr durch neue Anbieter und durchwachsende, expandierende Unternehmen. - die Bedrohung ist groß. Anzahl der Studios nimmt stetig zu (Kamberovic, 2019). o Die Käuferloyalität nimmt ab, der Preisdruck für das Unternehmen nimmt zu. - Kunden sind seltener emotional an das Studio gebunden und kündigen aufgrund von Kosteneffizienz. o Lokale Bedrohung durch überregionale bekannte Markenanbieter (Franchise, Ketten etc.) o Steigender Kapitalaufwand durch Kosten für z.B. Mieten, Werbung etc. - Steigende Mieten in beliebten Wohngebieten (Miet-Check, 2021).
Größe, Verhaltensstruktur und Preissensitivität der Abnehmer	o Die Verhandlungsstärke der Kunden ist groß. - Eine stark ausgeprägt Verhandlungsposition des Kunden schwächt das Studio, da es sich auf Niedrigpreise niederschlagen kann oder der Kunde nach „bessern" Dienstleistung zum gleichen Preis sucht. o Bei gleichen Dienstleistungen ist der Kunde kosteneffizient, und wechselfreudig, Wechselhemmnisse könnten lokaler Standort, gute Betreuung und soziale Bindung sein. o Die zunehmende Preisempfindlichkeit der Kunden nimmt Einfluss auf die Qualität und Leistung. - Weniger qualifiziertes Personal führt zu Qualitätsverlust in allen Unternehmensbereichen.
Bedrohung durch Ersatzprodukte	o Aufgrund der Corona-Pandemie wird es ab dem Jahr 2020 einen weiteren Anstieg von Fitness- und gesundheits-Apps geben. o Preis-Leistungs-Verhältnis der eigenen Produkte im Vergleich zu neuen Produkten. -Sportkurse online oder als App erhältlich. Seit dem Jahr 2016 steigt die Nachfrage nach Gesundheits- Apps an (Evers-Wölk, Oertel, Sonk, & Jacobs, 2018, S. 53f). o Gefahr durch geringe Umstellungskosten für den Kunden zu online Anbietern - Neuanschaffung neuerer Geräte fürs oder eigene App-Entwicklung sind kostenintensiv
Verhandlungsstärke der Lieferanten	o Lieferanten (Geräte und Bedarfsartikeln) haben einen geringen Einfluss auf die Verhandlungsstärke. - Es besteht ein Überangebot von Lieferanten, welche sich unterbieten. - Dennoch ist die Gewinnmarge zwischen Einkauf und Verkauf ist gering. Besonders gilt dies für Produkte im täglichen Gebrauch (Seife, Toilettenpapier, Powerriegel uvm.). o Lieferanten in Form von Dienstleister (z.B. Trainer) haben eine mäßige Verhandlungsstärke. Es gibt viele Trainer mit verschiedenen Zertifikaten, allerdings zu unterschiedlichen Qualitäten

3.2 SWOT - Analyse

Die SWOT-Analyse ist eine Kombination aus Umwelt- und Unternehmensanalyse. In den folgenden Tabellen 6 und 7 werden die einzelnen Analysepunkte in einer internen und externen Analyse (Stärken-Schwächen und Chancen-Risiken) für das Unternehmen dargestellt (Bea & Haas, 2019, S. 133f).

Tabelle 6: SWOT-Analyse / Unternehmeranalyse nach Bea & Haas (2019, S. 134f)

Interne Analyse / Unternehmeranalyse	
Stärken / Strength	**Schwächen / Weaknesses**
o Hochqualifizierte Mitarbeiter.	o Hohe Personalkosten, gut ausgebildete Mitarbeiter
o Individuelles Personal Training.	sind teuer.
o Angebot von Krankenkassenkursen.	o Hohe Fixkosten. Steigende Mietkosten am Standort.
o Großes Sportkursangebot.	o Hohe Mitgliedsbeiträge, beschränkter Kundenstamm
o Gesundheitsorientiertes- und leistungsorientiertes	o Hoher Aufwand für Präventionskurse. Absprache mit
Training möglich.	den Krankenkassen, Geld einfordern, Belege und
o Zukunftsorientiertes Arbeiten im Team.	Nachweise erstellen, ggf. besondere Übungen zei-
o Innovatives Sportangebot durch Weiterentwicklung	gen.
der Unternehmensvision.	o Hohe Anschaffungskosten durch großes Angebot.
	Neue Kurse, Fortbildung der Mitarbeiter, neues
	Equipment.
	o Leerlauf aufgrund von Corona. Mögliches späteres
	Erreichen des Berak-even-Points. Längere Laufzeit
	von Krediten und ggf. Probleme bei der Abschrei-
	bung.

Tabelle 7: SWOT-Analyse / Umweltanalyse nach Bea & Haas (2019, S. 134f)

Externe Analyse / Umweltanalyse	
Chancen / Opportunities	**Risiken / Threats**
o Weiterentwicklung der Fitnessbranche (Kamberovic,	o Blue-Ocean-Angebot wird nicht wahrgenommen, da
2019). Markt und Kunden sind interessiert an neuen	das Interesse oder die Notwenigkeit nicht besteht.
Produkten und Dienstleistungen.	o Geringes Durchsetzungsvermögen am Standort und
o Freie, individuelle und innovative Entwicklungsmög-	in der weiteren Umgebung aufgrund eines Überan-
lichkeiten, wodurch ein größerer Kundenbereich an-	gebots. Der Markt ist gesättigt.
gesprochen wird.	o Starke Zunahme an Gesundheits- und Sport-Apps
o Steigendes Gesundheitsbewusstsein der Kunden.	(Evers-Wölk, Oertel, Sonk, & Jacobs, 2018, S. 31f).
o Hohe Trainingsnachfrage resultiert aus den ge-	Kunden sehen keine Notwendigkeit am Training im
schlossenen Studios der letzten Monate.	Studio oder möchten aus hygienischen Gründen
o Große Nachfrage an Präventionskursen. Körperliche	kein Studio mehr besuchen.
Probleme in Form von Stress oder Krankheit durch	o Geringere Kaufkraft aufgrund der Pandemie. Exis-
hohe Alltagsbelastung/ Homeoffice (Krankenkasse,	tenzangst intern und extern stellt einen Grund dar.
2020, S. 9f).	Geringeres Einkommen, Krankheit oder Arbeitslo-
o Aufbau eines internen Online-Sportportals um für die	sigkeit (Krankenkasse, 2020, S. 46f).
Zukunft gewappnet zu sein. Mittlerweile Nachfrage-	
produkt bei Neu- und Altkunden (Evers-Wölk, Oertel,	
Sonk, & Jacobs, 2018, S. 53f).	

Abschließend zur Aufgabe 3.2 wird in Tabelle 8 eine SWOT-Matrix dargestellt. Die Matrix verbindet einzelne Strategiepunkte der SWOT-Analyse untereinander (Dillerup & Stoi, 2013, S. 274). Für jede Strategieform (S-O = Stärken/Chancen, W-O = Schwächen/Chancen, S-T = Stärken/Risiken, W-T = Schwächen/Risiken) werden zwei Beispiele für das Unternehmen Körperkonzept vorgestellt.

Tabelle 8: SWOT-Matrix

Strategieform	Beispiel 1.	Beispiel 2.
S-O-Strategien	o Angebot von Krankenkassenkursen. o Gesundheitsorientiertes- und leistungsorientiertes Training möglich. o Hochqualifizierte Mitarbeiter. o Individuelles Personal Training.	o Große Nachfrage an Präventionskursen. Körperliche Probleme in Form von Stress oder Krankheit durch hohe Alltagsbelastung/ Homeoffice. (Krankenkasse, 2020, S. 9f).
W-O-Strategien	o Steigendes Gesundheitsbewusstsein der Kunden. o Weiterentwicklung der Fitnessbranche (Kamberovic, 2019). Markt und Kunden sind interessiert an neuen Produkten und Dienstleistungen.	o Hohe Mitgliedsbeiträge, beschränkter Kunden-stamm. Besondere Gesundheits- und Sportangebote sowie eine hervorragende Kundenbetreuung rechtfertigen den höheren Mitgliedsbeitrag. Mögliche Defizite können dadurch abgefedert/ aufgehoben werden und eine erfolgreiche, gute Verkaufsstrategie des Unternehmens, durch die Mitarbeiter, führt zum Erfolg.
S-T-Strategien	o Innovatives Sportangebot durch Weiterentwicklung der Unternehmensvision Aufgrund des vielfältigen, individuellen Sportangebots und des Blue-Ocean-Strategie setzt sich das Studio gegen seinen Konkurrenten durch.	o Blue-Ocean-Angebot wird nicht wahrgenommen, da das Interesse oder die Notwenigkeit nicht besteht.
W-T-Strategien	o Leerlauf aufgrund von Corona. Mögliches späteres Erreichen des Berak-even-Points. Längere Laufzeit von Krediten und ggf. Probleme bei der Abschreibung	o Starke Zunahme an Gesundheits- und Sport-Apps (Evers-Wölk, Oertel, Sonk, & Jacobs, 2018, S. 31f). Kunden sehen keine Notwendigkeit am Training im Studio oder möchten aus hygienischen Gründen kein Studio mehr besuchen.

3.3 Zielplanung

Das Ziel: „Das erfolgreichste und innovativste Premium Fitnessstudio in den nächsten zehn Jahren in Norddeutschland zu werden" gibt ein genaues Ziel für die Planung vor. Da der Zeitraum für die Zielerreichung zehn Jahre beträgt, ist das Vorhaben realisierbar und kann umgesetzt werden. Die Zeitspanne von zehn Jahre ist an die aktuellen Corona-Pandemie angepasst und soll als Arbeitsplatzsicherheit und Motivation für alle Mitarbeiter dienen. Die Expansion an mindesten drei, höchstens fünf weiteren Standorten, gibt Auskunft über Ausmaß der Expansion. Die erfolgreiche Umsetzung ist u.a. auf die in Aufgabe 4.1 erfolgreiche Blue-Ocean-Strategie zurückzuführen. Das mögliche spätere Erreichen des Break-even-Points wird in der Unternehmensplanung berücksichtigt und ggf. um ein Jahr verlängert. Finanzielle Überbrückung wird vom Staat gezahlt (Schmidt & Köndgen, 2020).

Die Expansion ist nur realisierbar, wenn die weiteren Ziele des Unternehmens erreicht werden. Kundenzufriedenheit, Mitarbeiterzufriedenheit, Kundenneugewinnung und Weiterentwicklung bilden die Basis des Erfolgs. Das Studio Körperkonzept plant neben der Arbeitsplatzerhaltung für bestehende Mitarbeiter einen Mitarbeiterzuwachs, um das qualitativ hochwertige Training an allen Standorten zu gewährleisten.

Etwaige Leerläufe z.b. durch Pandemien oder andere äußere Faktoren, werden möglichst für Schulungen und Fortbildungen in allen Bereichen des Unternehmens genutzt. Servicekräfte, Trainer, Verkäufer, Entwickler und leitende Mitarbeiter werden einzeln oder in kleinen Gruppen geschult. Das Ziel ist es, bei einer möglichen Eröffnung des Studios, bestmöglich vorbereitet zu sein. Der hohe Anspruch der Kunden auf innovatives und qualitativ hochwertiges Training muss jederzeit bedient werden können.

4 Phase der Strategieformulierung

4.1 Strategieformulierung

Die folgende Strategieformulierung bezieht sich auf zwei der drei Ebenen des Planungssystem nach Bea und Haas (2013, S. 173).

Auf Unternehmensebene verfolgt das Fitnessunternehmen eine Wachstumsstrategie. Die Vision, erfolgreich zu sein und zu expandieren, ist das angestrebte Ziel. Dadurch soll eine starke Marktposition mit hohem Erkennungsgrad und Alleinstellungsmerkmalen erreicht werden. In der Vier-Felder-Matrix nach Ansoff (1966, S. 132) werden die einzelnen Produkt-Mark-Strategien (Marktdurchdringung, Marktentwicklung, Produktentwicklung und Diversifikation) angewandt. Die Marktdurchdringung bedeutet einen „festen Stand" auf dem Fitnessmarkt zu erreichen. Dies gelingt nur mit einem innovativen und neuen Konzept. Das hochwertige Konzept von Training, Betreuung, Fitness und Gesundheit stellt die Produktentwicklung dar. Diese ist optimal auf die Kunden abgestimmt und kann durch Beobachtung der Fitnessbranche auf neue Zielgruppen durch Marktentwicklung erweitert werden. Der Geschäftsebene wird die Diversifikation zugeordnet, welches das Erweitern der Angebote und der Geschäftsfelder beinhaltet (Simon & Gathen, 2010, S. 28). Die Diversifikation ermöglicht das Blue-Ocean-Angebot. Die neuen Dienstleistungen werden am bestehenden sowie auf zukünftigen Märkten angeboten. Die hohen Qualitätskriterien und das innovative Angebot sind Alleinstellungsmerkmale des Unternehmens Körperkonzept, wodurch dieses sich vom Mark abhebt.

4.2 Blue Ocean – Strategie

Die Entwicklung einer Blue-Ocean-Strategie ist für den Erfolg und das Erreichen der langfristigen Ziele für das Unternehmen von großer Bedeutung. Dabei wird versucht, den Red-Ocean, in denen sich die meisten Fitnessstudios mit ähnlichen oder gleichen Angeboten befinden, durch Umstrukturierung und Erweiterung des eigenen Angebots zu verlassen und in einen Blue-Ocean zu verändern (Kim & Mauborgne, 2016, S. 6). Die Blue-Ocean-Strategie beinhaltet das Entwickeln und umsetzten neuer Geschäftsideen und Angebote, um sich vom überfüllten Fitnessmarkt abzusetzen. Die Vision des Studios ist u.a. innovativ zu sein, was sich perfekt mir der Blue-Ocean-Strategie verbinden lässt.

Bei dem Blue-Ocean-Angebot des Studios Körperkonzept handelt es sich um Produkte und Dienstleistungen, die in das bereits bestehende Unternehmen eingegliedert werden (Kim & Mauborgne, 2015, S. 78f). Da die Nachfrage nach individueller Betreuung im Gesundheitssektor steigt, wird das Angebot hierhingehend erweitert. Neben den Präventionskursen der Krankenkasse sollen Zusatzleistungen in das Angebot des Studios mit aufgenommen werden. Diese entsprechen den individuellen Kundenbedürfnissen und können dazu beitragen, dass diese ihre Ziele schneller erreichen. Die Kunden bekommen die Möglichkeit, folgende Dienstleistungen zu nutzen und ihren Bedürfnissen anzupassen:

1- Zwei physiotherapeutische Anwendungen über 30 Minuten pro Monat.

2- Eine Heilpraktikerbehandlung über 60 Minuten alle vier bis sechs Wochen.

3- Eine Osteopathiebehandlung über 60 Minuten alle vier bis sechs Wochen.

Das Angebot ist im Mitgliedervertrag verankert. Der Mitgliedspreis pro Monat von 99,- Euro inkludiert das Training, die Betreuung, das Kursprogramm, den Wellnessbereich und eine der oben aufgeführten Behandlungen. Zusatzleistungen wie Personal Training oder häufigere Behandlungen im physiotherapeutischen Bereich sind gegen Aufpreis buchbar. Ebenfalls können Angebote aus dem Blue-Ocean-Segment durch Zubuchung der Leistung, kombiniert werden. Sollten Kunden Rezepte vom Arzt für therapeutische Behandlungen erhalten, können Sie jeweils bis zu vier Rezepte im Jahr über Ihren Vertrag durchführen lassen. Das Studio rechnet in diesem Fall mit der Krankenkasse ab, stellt jedoch keinen Rechnungsbetrag an den Kunden. Dieses Angebot hat für den Kunden nur Vorteile. Direkte Absprache zwischen Trainer, Therapeut und Kunde, zielorientierter Behandlungsprozess für Kunde und Unternehmen, Eingliederung in das Training, keine Extrakosten durch ungenutzte weiterlaufende Verträge. Das Fitnessstudio Körperkonzept ermöglicht diese Anwendungen durch die Beschäftigung von mindestens zwei Sportphysiotherapeuten sowie einem Heilpraktiker mit Zusatzqualifikation für Osteopathie. Die Einstellung weiterer Therapeuten ist geplant. Dieses Angebot ermöglicht es Kunden, Behandlungen direkt an oder vor ihr Training zu absolvieren und das ganzzeitliche Wohlbefinden zu steigern. Egal ob Leistungssportler oder Freizeitsportler, alle Mitglieder profitieren von diesem individuellen, erfolgreichen Angebot.

5 Personalmanagement

5.1 Führungsverhalten

Um das Premium Fitnessstudio erfolgreich in die Zukunft zu führen, muss die Führungskraft in der Lage sein, die ambitionierten Ziele mit Hilfe aller Mitarbeiter zu erreichen. Dabei müssen die Grundwerte, sowie die Mission des Unternehmens berücksichtigt werden. Die zukünftige Führungskraft sollte in der Lage sein situationsbezogen und aufgabenabhängig das Führungsverhalten anzupassen. Zudem sollte die Vision des Studios von der leitenden Person den Mitarbeitern gegenüber vorgelebt werden. Wie bereits in der Mission aufgeführt, sollen Mitarbeiter und Leitung voneinander profitieren, in dem ein hoher kommunikativer, fachbezogener Austausch stattfindet. Das Unternehmen Körperkonzept sucht eine Leitung, die das Teammanagement beherrscht und lebt. Die Führungskraft sollte in der Lage sein, Aufgaben zielorientiert zu bearbeiten und Arbeitsaufgaben zu delegieren. Der partizipative Stil nach Goleman (2000, S. 78ff) muss von der Leitung umgesetzt werden können um Mitarbeitern mit z.B. speziellen Fachwissen in den Denk- und Entwicklungsprozess einzubinden. Der Führungsstil sollte eine Mischung aus Autoritären- und Kooperativeren-Grundformen sein. Die Art der Führungsstilmischung ist anspruchsvoll in der Umsetzung, sollte jedoch eine machbare Herausforderung für die zukünftige Leitung sein. Diese Mischform ermöglicht es, Mitarbeitern bei der Entscheidungsfindung mit einzubeziehen sowie das Ergebnis, durch die Entscheidungskraft der Führungsperson, zu beschleunigen. Dieser Austausch vermittelt den Mitarbeitern Wertschätzung. Dies steigert die Motivation und führt zu einer hohe Leistungsbereitschaft aufgrund von Mitarbeiterzufriedenheit. Ein produktiver und positiver Austausch mit den Mitarbeitern wird von der Führungskraft erwartet. Damit

Teamarbeit möglich ist, sollte die Leitung ein hohes Maß an sozialer Kompetenz sowie Empathievermögen besitzen. Ebenfalls muss die Führungskraft eine mehrjährige Berufs- und Führungserfahrung vorweisen können, um das neue Studio erfolgreich aufzubauen und ein gutes Arbeitsklima zu schaffen.

Damit das Unternehmen seine Vision erreichen kann, muss die Führungsperson einen visionären Stil nach Goleman (2000, S. 78ff) aufweisen. Die Führungskraft wird in ihrer autoritären Art wahrgenommen und akzeptiert. Diese Ausrichtung ist für das Studio Körperkonzept wichtig, um die Ziele in der vorgegebenen Zeit zu erreichen und das Mitarbeiterteam „anzuführen".

Neben den aufgeführten Anforderungen sollte die Führungskraft über analytisches Denkvermögen und eine schnelle Auffassungsgabe verfügen und belastbar sein. Diese Fähigkeiten müssen vorhanden sein, um ein neues Studio auf dem umkämpften Markt aufzubauen und zu leiten. Im Zusammenhang mit den Mitarbeitern und der geforderten Teamfähigkeit sollte zu den bereits genannten sozialen Komponenten ein gutes Durchsetzungsvermögen und Kooperationsbereitschaft zählen. Diese beiden Aspekte sind für die Zusammenarbeit im Team unumgänglich, damit Ziele erreicht werden können und die Zufriedenheit sowie Akzeptanz im Team hoch ist.

5.2 Recruiting

Das Unternehmen Körperkonzept setzt auf eine externe Bewerbungsform, da eine interne Besetzung aufgrund der Neueröffnung nicht möglich ist. Um die Stelle bestmöglich zu besetzen, wird eine detaillierte und attraktive Stellenausschreibung erstellt. Eine Selektion ist anhand des ausführlichen Anforderungsprofils im Voraus möglich. In dem Anforderungsprofil werden fachliche und persönliche Kenntnisse abgefragt. Aufgrund der Corona Pandemie werden die Bewerber, die für die Führungsposition in Frage kommen, zu einem online-Vorstellungsgespräch eingeladen. Im Einzel-Online-Vorstellunggespräch werden alle Anforderungen mit den Bewerbern, in Bezug auf die Bewerbung, direkt besprochen. Jeder Interessent hat die Möglichkeit sich bestmöglich zu präsentieren. Das Vorstellungsgespräch folgt bei allen Bewerbern nach dem gleichen Schema. Der Fragenaufbau ist identisch, sodass eine anschließende Selektion gut durchführbar ist. Im Verlauf des Vorstellunggesprächs stellt der Moderator, an passenden Stellen, den Interessenten Fragen zu praxisbezogenen Situationen, um einen Überblick über die fachlichen und sozialen Kompetenzen der Bewerber zu erlangen. Das normalerweise folgende Assessment-Center wird durch ein weiteres, persönliches Gespräch ersetzt. In diesem zweiten Gespräch werden die Bewerber in eine Stresssituation versetzt in Anlehnung an Scholz (2014, S. 178f). Aus dem Verhalten lässt sich die psychische Belastbarkeit messen. Zum Abschluss wird das Gespräch noch frei gestaltet. Die Bewerber können Fragen stellen und das Gespräch sollte zu einem harmonischen Abschluss kommen. Zusagen werden innerhalb von 10 Tagen telefonisch mitgeteilt. Aus der Reaktion des Bewerbers lässt sich schließen, sofern noch nicht bekannt, ob es ggf. noch weitere Bewerbungen gibt oder zeitnah mit der Eingliederung begonnen werden kann. Absagen werden in schriftlicher Form ebenfalls innerhalb der nächsten zehn Werktage versandt, damit kein Bewerber lange im Ungewissen verbleiben muss.

6 Literaturverzeichnis

Ansoff, H. I. (1966). *Management-Strategie.* München: Verl. Moderne Industrie.

Bamberge, I., & Wrona, T. (2012). *Konzeptionen der strategischen Unternehmensberatung.* Wiesbaden: Gabler Verlag.

Bea, f. X., & Haas, J. (2013). *Strategisches Management* (Bde. 6., vollständig überarbeitete Auflage). Konstanz: UKV Verlagsgesellschft mbH.

Bea, F. X., & Haas, J. (2019). *Strategisches Management* (Bd. 10. überarb. Aufl.). UTB GmbH.

Dillerup, R., & Stoi, R. (2013). *Unternehmensführung* (Bd. 4. komplett überarb. und erw. Aufl.). München: Vahlen.

Evers-Wölk, M., Oertel, B., Sonk, M., & Jacobs, M. (09 2018). *BUNDESTAG, TAB BÜRO FÜR TECHNIKFOLGEN-ABSCHÄTZUNGBEIM DEUTSCHEN.* (Bundestag, Hrsg.) Abgerufen am 11. 04 2021 von https://www.tab-beim-bundestag.de/de/pdf/publikationen/berichte/TAB-Arbeitsbericht-ab179.pdf

Exporo AG. (2020). *EXPORO: Standortanalyse der Stadt Rostock.* Abgerufen am 07. 04 2021 von https://exporo.de/standortanalyse/rostock/

Fitness First Germany GmbH . (1990). *Unternehmensphilosophie.* Abgerufen am 11. 04 2021 von https://www.fitnessfirst.de/wer-wir-sind

Fitness First Germany GmbH. (2020). *Fitness First.* Abgerufen am 11. 04 2021 von https://www.fitnessfirst.de/

Goleman, D. (März-April 2000). Leadership That Gets Results. *Harvard Business Review* .

Hinterhuber, H. H. (2011). *Strategische Unternehmensführung* (Bd. 8 neu bearbeitet und erweiterte Aufl.). Berlin: Erich Schmidt Verlag.

Kamberovic, R. (24. 03 2019). *fitness Management*. Abgerufen am 12. 04 2021 von https://www.fitnessmanagement.de/fitness/strukturwandel-der-branche

Kim, C. W., & Mauborgne, R. (2016). *Der Blaue Ozean als Strategie* (Bde. 2., aktualisierte u. überarbeitete Auflage). München: Carl Hanser Verlag GmbH & Company KG.

Kim, W., & Mauborgne, R. (2015). Die Ozean-Strategie. *Harvard Business Manager*.

Krankenkasse, T. (13. 11 2020). *Die Techniker*. Abgerufen am 12. 04 2021 von https://www.tk.de/resource/blob/2095224/ca7f3e6793109ee9bfbaede39e15517f/dossier--corona-2020-data.pdf

Lieweke, N. (2019). *Fit vital*. Abgerufen am 11. 04 2021 von https://www.fitvital-lieweke.de/home.html

mapz.com. (2010). *mapz.com*. (K.-K. M. AG, Herausgeber) Abgerufen am 09. 04 2021 von https://www.mapz.com/map?lat=54.0924445&layers=osm&lon=12.1286127&zoom=16#next=%2Fexport%2Fcreate%3Fwith_layers%3Dtrue%26view%3Ddraw

Miet-Check. (2021). *Miet-Check.de*. Abgerufen am 12. 04 2021 von https://www.miet-check.de/mietspiegel/rostock/

Müller-Stewens, G., & Lechner, C. (2011). In *Strategisches Management* (S. 692). Stuttgart: Schäffer-Poeschel Verlag Stuttgart 4., überarbeitete Auflage.

Porter, M. E. (2000). *Wettbewerbsvorteile (Competitive Advantage): Spitzenleistungen erreichen und behaupten (6. Aufl.)*. Frankfurt: Campus Verlag.

Regierung M-V. (2021). *Daten und Fakten zur demografischen Entwicklung in Mecklenburg-Vorpommern Regierungsportal M-V*. Abgerufen am 07. 04 2021 von https://www.regierung-mv.de/Landesregierung/stk/Themen/Demografischer-Wandel/Daten-und-Fakten/

Schmidt, F., & Köndgen, D. (25. 11 2020). *fitness MANAGEMENT*. Abgerufen am 12. 04 2021 von https://www.fitnessmanagement.de/corona/corona-update-hilfspaket-fitnessstudios-sport

Scholz, C. (2014). *Grundzüge des Personalmanagements* (Bd. 2. Auflage). München: Vahlen.

Schumann, O. (08. 04 2020). Studienbrief Strategische Unternehmensführung I. Saarbrücken, Saarbrücken, Deutschland.

Simon, H., & Gathen, A. d. (2010). In H. Simon, *DAS GROSSE HANDBUCH DER STRATEGIEINSTRUMENTE* (S. 383). Campus Verlag.

Simon, H., & Gathen, A. v. (2010). *Das große Handbuch der Strategieinstrumente* (Bde. 2., überarb. u. erw. Aufl.). Franfurt am Main: Campus.

Welge, M., & Al-Laham, A. (2012). In *Strategisches Management* (S. 1050). Gabler Verlag; 6., akt. Aufl. 2012 Edition (17. Juli 2012).

7 Abbildungs- und Tabellenverzeichnis

7.1 Abbildungsverzeichnis

7.2 Tabellenverzeichnis